AF311721

Les Minutes Parisiennes

Chez l'éditeur
Ollendorff
50, Chaussée d'Antin
Paris

Minutes Parisiennes

IL A ÉTÉ TIRÉ A PART

108 exemplaires sur papier de Chine,
et 28 exemplaires sur papier du Japon

Numérotés à la presse

Les Minutes Parisiennes

MAURICE GUILLEMOT

8 HEURES

Dìners Parisiens

Illustrations de JEANNIOT

GRAVÉES SUR BOIS
PAR T.-J. BELTRAND ET DÉTÉ

PARIS

SOCIÉTÉ D'ÉDITIONS LITTÉRAIRES ET ARTISTIQUES
Librairie Paul Ollendorff
50, CHAUSSÉE D'ANTIN, 50

1901

E longs chemins de feutre rouge traversent le large trottoir et vont, des voitures nombreuses qui s'arrêtent, à un hall somptueux dont la perspective lointaine s'aperçoit, des colonnes de marbre soutenant les plafonds à voussures sculptées, des clartés de hautes glaces reflétant les enchanteresses moissonnées de fleurs, qui forment de gais massifs derrière des meubles de jardin Trianon.

Des coupés de maîtres, des automobiles arrivent, se rangent, les valets de pied s'empressent, une cohue élégante se hâte...

Et si l'on pénètre à sa suite sous l'étincellement des lumières, le spectacle est délicieusement féerique avec la perspective du jardin à la française que termine une fontaine de marbre, ornée, comme à Versailles, de figurines et de vases en plomb doré ; avec la grande galerie conduisant à la vaste salle à manger de la Régence ; avec cet ameublement modern style, un Louis XVI d'Outre-Manche, que nous aimons, par atavisme, pourrait-on dire, puisqu'il s'inspire de notre délicieuse fin du dix-huitième siècle. Les tables embaument de chemins de roses, la fra-

gilité des cristaux se reflète aux lui-
sances de l'argenterie, des tulipes

et des orchidées aux corolles trans-
parentes s'incendient d'électricité,
les nappes et les serviettes sont his-
toriées d'armoiries, les maîtres d'hôtel impeccables, d'une gravité im-
posante, se tiennent comme soldats
à la parade, et dans cette atmosphère
de luxe, de richesse, les convives
s'installent, commandent, s'animent,
c'est l'hôtel *smart* où la mode enjoint
de venir dîner, où la Parisienne est
heureuse de paraître, trouvant là
écrin convenable.

A sa façon de sauter du marche-
pied, de se pelotonner en son manteau, de franchir allègre la porte vitrée que lui ouvre *le chasseur* respec-

tueux, de se diriger d'instinct vers la petite table où elle sera le mieux vue, de dénouer sa voilette, de déboutonner ses gants, de s'attarder aux coquetteries du menu, de séduire ses voisins d'un regard circulaire, coulé comme sans y prendre garde, c'est une parisienne, on ne peut s'y tromper, c'est « le cher bijou charmant » ainsi que l'a appelée un des poètes du Parnasse.

Roqueplan a inventé *la parisine*, l'Ève moderne a inventé la Parisienne ; et nulle femme au monde ne lui dispute le sceptre de l'élégance, du charme, du je ne sais quoi qui en fait la suprême séductrice, l'idéale enchanteresse : les blondeurs mélancoliques de l'Anglaise, les ardentes et passionnelles œillades de l'Espagnole, les profonds et troublants regards de l'Orientale, les maladives pâleurs de l'Italienne, les vivacités modernistes de l'Autrichienne, les superbes distinctions de la Russe, les rêveries lakistes de la Suissesse, tout cela ne vaut pas le chic de la Parisienne ; elle est le bijou de la création, comme Paris est la capitale du Monde. Duchesse ou modiste, marquise ou trottin, actrice ou grande dame, la naissance non plus que le costume n'influent, elle est parce qu'elle est ; vicieuse un tantinet — lisez Becque ! diablement amoureuse — voyez la Vie ! intelligente et artiste, l'esprit ouvert, alerte, compréhensif, l'âme bonne, généreuse, elle a, sous son apparence frivole, de grandes qualités morales. Ce n'est pas un bijou vulgaire, mais précieux, c'est le joyau d'ici-bas.

Et le restaurant, comme le théâtre, le sertit à merveille, le restaurant où elle minaude et grignote plutôt qu'elle ne mange, où elle s'amuse d'une fête impromptue, où elle s'illusionne d'une somptuosité parfois banale, où elle dîne avant la pièce en attendant d'y revenir souper après, plus émue alors, plus vibrante, plus entraînée, prête aux conclusions amoureuses, verrou tiré.

C'est le post-scriptum !

La lettre est datée de huit heures, au moment où le boulevard se déserte, où les cafés littéraires se débondent de leurs poètes, où les gaze-

tiers allant au théâtre croisent, le
regard aguiché, les trottins qui
sortent de l'atelier, où les commis,
ayant rangé l'étalage, font un bout
de galante conduite aux « premières »
se dépêchant vers leur batignollais
faubourg, vers leur train de banlieue.
Il y a alors parmi le brouhaha de la
ville, un joli envol d'êtres jeunes
rapprochés par le flirt, des rendez-
vous se combinent, des baisers
s'échangent, on décide de prome-
nades à bicyclette pour le dimanche,
on organise de la joie, — tandis que
l'employé solitaire, le vieux rond de
cuir maniaque, le célibataire endurci,
un tas de pauvres hères, des hum-

bles, s'en viennent retrouver « au bouillon » leur place accoutumée, leur rond de serviette à numéro, et leur cure-dent indispensable.

Dans *les Types de Paris,* ce si pittoresque ouvrage du maître observateur Raffaëlli, — monographie aînée des nôtres après avoir été la cadette de celles de Mercier, — il y a à l'article « servantes, rubans et tabliers » un amusant croquis sur les petites bonnes

de chez Duval ; elles sont là quatre
minois éveillés, aux allures de trottins, coquettement attifées avec leur
bonnet et leurs manches
blanches, les mains gras-
souillettes portant des
plats minuscules. Mais
cela date déjà et ce
n'est que plus tard
que l'opérette,
grâce au talent
preste et jeunet
et gamin de
Milly-Meyer, a
précisé de ses flonflons cette figu-
rante très spéciale du personnel de
la grande ville.

La gloire du bouillon Duval, cela remonte, vous en souvient-il? à la cavalcade du Bœuf gras sous l'Empire ; la victime chantée par Monselet ne manquait pas, en son long et joyeux itinéraire, de s'arrêter, rue Montesquieu, devant l'établissement principal qu'il devait, le lendemain et les jours suivants, fournir de potages aux myriades d'yeux.

Aujourd'hui l'institution a vieilli, — où sont les roses d'antan ?

En bien des restaurants, le lugubre garçon de café au smoking écourté, au tablier qui l'enjuponne, sert les prix-fixe à 2 francs et à 2 fr. 5o ; il faut subir sa face glabre à favoris de larbin, ses manières obséquieuses, ses boniments intéressés ; il y a de la raideur anglicane dans le personnage, et il exagère le sexe laid auquel il appartient.

La petite bonne de chez Duval, elle seule, continue d'exister, elle est généralement gentille, affable à l'habitué, aisément donneuse de bons conseils, fait manger à son client ce qu'elle veut, permet un brin de cour, — pour plaisanter, car elle est plutôt honnête, et, sa livrée retirée, son bonnet envolé... dans l'armoire, redevient une façon de petite bourgeoise bien rangée — ; elle circule, vive et se sentant regardée, entre les

tables, a le sourire complaisant ;
égaye le repas de la victime con-
damnée à la sauce brune
dont parle avec amer-
tume Huysmans en
quelque endroit
d'un morne livre
de jadis. Elle est
la poésie sim-
plette dont la
fille de brasserie
est la prose réa-
liste.

Mais voici que passent, par bandes,
des gens qui ont des parités de lan-
gage, d'allures, un même entrain
communicatif ; des salons dorés les

attendent qui, hier encore, servaient
à des agapes d'hyménée, à des noces
chantonnantes ; d'aucuns relisent le
papier d'un toast, se congratulent à
l'avance pour les discours qu'ils vont
prononcer.

L'auteur du *Monde où l'on s'amuse*
et aussi de *celui où l'on s'ennuie*, a
fait un jour cette déclaration :

Aussi bien voit-on pas, quand en soi-même on rentre
Que tout est sur, ou dans, ou par, ou pour le ventre,

et, amphitryon réputé, il ajoutait :

Peintre, musicien, statuaire, poète,
Tous ces gens qui, dit-on, ne vivent que de tête,
Ont-ils rien fait de bon pendant qu'ils ont jeûné ?
Un roi n'est un bon roi que quand il a dîné.

Bien que Victor Hugo ait conté

jadis que le monologue est dans la nature, ce qui peut passer pour une flatterie anthume à notre Cadet, il faut cependant constater chez les pauvres humains un ardent besoin de sociabilité, et, parmi l'existence affairée que l'on mène de-ci de-là, de tous côtés, en des carrières si diverses, en des chemins si différents, il n'est que la convocation à un banquet qui permette de se retrouver, de se revoir. Les amitiés de collège, les tutoiements de pensionnaires, les intimités de sorties, tout ce charme de la première jeunesse, ces promesses qu'on se fait pour plus tard quand on quitte les murs sombres, diplôme en poche, tout cela s'effacerait totalement, et vite, s'il n'y avait... le traditionnel banquet.

Sans remonter jusqu'au dix-huitième siècle où l'on dînait ensemble, pour avoir prétexte de chanter des petits vers égrillards au dessert, à la Restauration où l'on se réunissait à table pour échanger des protections, des « tuyaux » comme on dit aujourd'hui, pour aussi conspirer, ce sont les peintres qui apparaissent dans l'Histoire les meilleures fourchettes, ils ont formulé que « l'oignon fait la force », d'où *la Soupe à l'oignon*, baptisée nouvellement *le doigt dans l'œil,* second titre imagé d'un même but poursuivi.

Les *prix de Rome* ont été fondés par Émile Lévy, *le dîner des Dix* par Élie Delaunay, celui de l'*Hippopotame* commença à la villa Médicis même, et Carolus-Duran aussi bien que Falguière, ont sur ces temps lointains, des anecdotes curieuses. Des peintres militaires font *le dîner des Rigobert :* Rigobert! pourquoi? Des amis font *le dîner Bixio.* Les *auteurs sifflés,* veulent aussi avoir le leur ; les *gens de lettres,* innombrables au dedans et au dehors de la Société, organisent des réunions où il est permis de s'éreinter à visage

découvert, sans pseudonyme ; *Tay-
lor*, le fameux baron, sert d'étiquette

à un dîner ; *Dentu*, le célèbre éditeur, à un autre.

Et au mépris de tout ordre dans les dates de création, voici encore *les Spartiates, la Marmite, le bon Bock, la Pomme, la Cigale, les Moliéristes, les Zolistes, les Critiques, les Journalistes républicains, les Secrétaires de rédaction*, ceux des théâtres qui s'appellent drôlement de leur formule accoutumée : *les Mille Regrets*.

L'intimité de semblables réunions est encore plus étroite, lorsqu'on est du même pays, lorsqu'on parle le même patois ; c'est tout à coup, alors, la petite patrie évoquée dans la grande, c'est l'enfance qui se réveille, c'est le clocher natal qui ca-

rillonne, c'est la chanson des ber-
ceaux qui se remémore ; la franc-
maçonnerie de la naissance est une
consolation à tous ces cosmopolites
exilés dans la Capitale, ils y ont la
joie de s'entendre parler avec un accent pareil, et on ne les injurierait
pas à la sortie en les appelant sépa-
ratistes, ces « déracinés » selon le
mot de Barrès, respirant le terroir
dont leurs premières années ont été
parfumées ; ils chantent les lieds
d'autrefois que leur chantaient leurs
mères, ils dansent les danses de chez
eux. C'est la province à Paris, et à
Saint-Mandé on a parfaitement l'il-
lusion de Saint-Flour, quand on

y est entre Auvergnats, fouchtra !

Et les départements se font ainsi une telle publicité que les Parisiens, les vrais, ont senti à leur tour la nécessité de serrer les coudes, de se « franc-maçonner » aussi, et on a créé le dîner des *Parisiens de Paris*, espèce assez rare que les naturalistes connaissent mal, dont les types ne sont pas très répandus ; la comédie humaine que regarde passer le Balzac de Rodin est incessamment un public d'exposition, de toutes couleurs et de toutes langues, comme celui de la Tour de Babel ; on pourrait compter les véritables natifs du sol parisien, ceux qui se glorifient (de leur suite, j'en suis !) d'avoir vu le jour dans la Ville-Lumière. Nous avons un accent tout de même, mais c'est le meilleur.

Quelquefois même, c'est en mémoire d'un ami disparu que l'on dîne, Vatel entretient les frais du culte ; on sable les anniversaires, il y a ainsi *le dîner Dumas fils, le dîner Goncourt* entre académiciens d'Auteuil, il y aura *le dîner Daudet* où manquera le plus étincelant, le plus charmeur, le plus délicieux convive, — le maître lui-même !

Dans les annales du dix-neuvième siècle on ne peut omettre le célèbre *dîner Magny* dont Edmond de Gon-

court a été le reporter, — infidèle,
prétend-on, mais diablement indis-
cret et très précieux. Comme, dans
son « Journal », les comptes rendus
quasi sténographiés de ces soirées-
là nous montrent bien les personnages qui avaient nom Gautier,
Sainte-Beuve, Flaubert, Renan, Paul
de Saint-Victor, Gavarni, etc. ; que
ce soit chez Magny ou plus tard
chez Brébant, Edmond de Goncourt
prenait des notes sur sa manchette
et les recopiait le soir en rentrant.
Au moment où il les publia, où la
querelle entre Renan et lui s'enveni-
mait, je me rappelle un mot de Dumas : je lui parlai de cette aventure

qui faisait courir les interviewers, et, brusquement, avec cette franchise coupante qu'il avait, il me dit : « Nous ne nous sommes jamais doutés, quand nous causions, qu'il y avait un mouchard parmi nous. » L'expression était hardie et outrancière un peu, ce « mouchard » travaillait pour la postérité, et ce n'est pas à nous de le regretter.

Il y a ainsi les conversations recueillies avec ou sans enjolivures, il y a de plus les documents graphiques des menus, des convocations, des cartes d'invitation, précieuses vignettes à ravir les collectionneurs. On s'est aperçu un beau

jour que les en-têtes de factures ou
de lettres du siècle dernier étaient
signées Fragonard, Watteau, Ei-
sen, Moreau le Jeune, et dans leurs
portefeuilles de gravures, les ama-
teurs les mirent en bonne place ; il
en est de même déjà pour nos délicieux vignettistes, les Pille, les Wil-
lette, les Chéret, les Guérard, les
Detaille, — mais oui ! — les Bé-
raud, les Clairin, les Morin, les
Somm, les Ranft, les Boutet, etc. ;
j'en sais même qui furent, à Monte-
Carlo, dessinés par Lemercier de
Neuville, le célèbre inventeur des
Pupazzi ; les menus illustrés ont
leur historien, M. Maindron, qui

l'avait été auparavant des affiches.

« Le dîner est le nerf de la vie sociale, » a dit M. de Cussy, et son axiome paraît encore exact comme aussi ce mot de Grimod de la Reynière : « Aujourd'hui, écrivait-il en 1808, point de cuisinier, point d'ami; et celui qui ne donne pas à manger peut être bien sûr, pendant toute l'année, de n'avoir personne chez lui, eût-il tout l'esprit de Voltaire et toute l'amabilité de Beaumarchais. »

Il est dans un certain monde, qu'on ne peut appeler ni le grand ni le demi, des dîners qui sont parades, et dont les frais d'esprit incombent à tel ou tel invité de grande marque; pour un peu, sur les bristols d'in-

vitation on mettrait : « Nous aurons
M. X... », comme pour les soirées
la formule « on dansera » ou bien
« monologues de Cadet ». Le doux
prélat Renan était en son temps
fort demandé, Henri Becque a tenu
le record ; la ruelle des précieuses à
leur petit lever a été remplacée par la
salle à manger du faubourg, et c'est
à table que les Mécènes modernes
traitent les artistes ; Louis XIV
avait déjà offert la moitié de son
en-cas au sieur Poquelin, dit Mo-
lière.

Et c'est pourquoi huit heures se
trouve être un moment si curieux de
la vie parisienne pour le flâneur qui

s'amuse à deviner où court cette humanité qu'il croise.

Je me souviens de la réflexion d'un Oriental : « Dans votre ville, tout le monde a l'air pressé, affairé, pointant sur un but... » Les restaurants allument leurs enseignes raccrocheuses, et la remarque est surtout juste le soir ; convives par-ci, convives par-là, ils semblent tous retardataires au rendez-vous, aussi le spectacle paraît étrange de cette ruée à l'alimentation, qu'on la trouve en un bar à la mode, dans une installation culinaire de journal, chez un spécialiste du boulevard, ou bien au home de particuliers quelconques.

Il y aurait sans nul doute une monographie très intéressante à faire du souper à Paris ; mais le dîner a son côté pittoresque, moins pimenté, plus banal, le dîner qui coûtait trente-deux sols il y a cent ans.

Où qu'on l'observe, avec son fantaisiste apparat cosmopolite — serviettes et nappe russe, faïence anglaise, argenterie danoise, aiguière turque, etc., sans compter l'éclectisme des plats, — il est d'une variété incessante, et c'est une des heures les plus révélatrices.

Aurélien Scholl nous contera dans ses Mémoires Tortoni, perron défunt, dont une table-souvenir est

maintenant à Gerofosse, en sa maisonnette d'Etampes ; après les pages
parfois invraisemblables d'Arsène
Houssaye, celles plus précises du
pauvre Claudin, celles encore de
Philibert Audebrand, ce sera menue
monnaie intéressante de l'histoire
de Paris, — sujet éternellement neuf
duquel chacun de nous peut traiter
un tantinet.

Les villes s'étendent toujours vers
l'Ouest ; c'est pour cela, sans nul
doute, que le boulevard parisien,
qui fut jadis au Temple avec son ali-
gnée de théâtres, ensuite aux Ita-
liens avec ses Maisons d'or, ses
Frascati, ses passages, est aujour-

d'hui à l'Opéra, entre la Chaussée-
d'Antin et la Madeleine. Bien fol ou
bien naïf le voyageur qui se croirait
dans Paris parce qu'il a franchi les
fortifications à la Porte Maillot ou à
celle de la Chapelle : Paris, le vrai
Paris, est une bande de bitume agré-
mentée d'arbustes malingres, cor-
setés de fer, qui s'allonge de l'Opéra-
Comique à la rue Royale que Meil-
hac voyait de ses fenêtres ; hors de
là, ce sont des banlieues, des Odéo-
nies, des choses lointaines, igno-
rées.

A l'heure de l'apéritif, préface du
dîner, un cinématographe pourrait
prendre là d'amusantes vues d'un

Panthéon artistique, littéraire, comme celui que dessina le bon Nadar, aujourd'hui photographe à Marseille, où son veston rouge est légendaire.

Un monocle et de l'esprit derrière, c'est Scholl; un second monocle, Mermeix qui revient du Transvaal après être revenu du boulangisme; Bergerat, les petits yeux vifs, la chevelure argentée sous le La Rochejaquelein à grosse boucle, lance des fusées paradoxales, calibanise à souhait, raconte drôlement ses aventures théâtrales; des jeunes entourent Courteline au verbe fort, rient de son rire, s'apaisent respectueux à l'arrivée de Mendès Olympien, rapporteur de la poésie française comme le fut Théophile Gautier.

Charpentier, silhouette fine, distinguée, est rejoint par Fasquelle, pressé, actif ; Severin, mime infidèle à la Canebière, s'accote à Bauer, géant dumasien, en vicaire de Wakefield ; Maurice Montégut, décoré de demain, parle roman, déclame du Musset, donjuanise les passantes et songe à ses œuvres complètes, tout un rayon de bibliothèque ; Goudeau, très myope, sème en plein air de l'excellente copie que d'aucuns ramassent et courent insérer, il jette sans compter sa blague chatnoiresque et zutiste dont sourit tout dou-

cettement Brieux, dont s'amuse Sil-
vain, avant son train d'Asnières.

Des fleurs de Nice à la boutonnière,
Jean Lorrain va de l'Olympia aux
Folies-Bergère ; un petit homme
menu trottine, Edmond Deschaumes,
remportant des boutures à Marly ;
barbe noire, sourire glabre, regard
froid, Maurice Talmeyr déambule
avec Forain ; le groupe se complète
de Maurice Barrès, affrontant l'œil
des Barbares.

Marchant en zigzag, voilà Cadet,
le corps dansant sur les jambes, les
bras télégraphiant, la tête dodelinant,
les yeux rigolant, les lèvres souriant,
les dents se montrant, un drôle de

passant, oui, parfaitement, « deman-

dez les billets de la loterie des artistes » ; Baron (prononcez Bâââron)
grand, frais, rose, se hâte vers les
Variétés, portant une valise où sans
doute sont ses bijoux, son fard, ses
accessoires, qu'il rapportera ce soir
à Bois-Colombes.

Un long manteau mastic à basques,
des mains fuselées d'artiste, une
chevalière avec le blason en creux
dans la pierre tendre, à la cravate
l'épingle d'or du petit chapeau, à la
pomme de la canne une tête d'aigle
en argent, René Maizeroy, aède des
caresses, et des tendresses, et des
langueurs, et des amoureusetés, appelle le général Bonaparte « Mon-

seigneur », rêve d'une restauration
impériale dont il pourrait être l'élé-
gant Morny.

Une rumeur éclate, une voix toni-
truante mugit, c'est Gailhard qui
cause avec Salvayre, les syllabes
roulent comme en un gave.

Armand Dayot passe, des documents d'images sous le bras ; Gus-
tave Geffroy discute esthétique avec
Clémenceau, qui regarde son *Bloc* à
la vitrine des libraires, tandis que
Rodin, barbe fluviale, se hâte à un
banquet que présidera sa gloire ;
puis il y a des députés, des fonction-
naires, et l'on potine de toutes sortes
de choses, la chronique s'y docu-

mente, s'y élabore ; pour les initiés, c'est la répétition générale des journaux qu'on lira le lendemain.

A l'autre bout de Paris, dans les buffets de gare, au P.-L.-M., avant le départ des rapides du soir, les silhouettes aussi, mais anonymes celles-là, retiennent et attardent le crayonnage ; à côté de la carte des vins se voit l'indicateur, embrouillamini de minutes, de kilomètres, qui est consulté fiévreusement, dont les pages si fréquemment tournées sont maculées de rayures.

Derrière la porte vitrée qu'entr'ouvre un instant un employé à casquette pour clamer des noms de stations, des haltes d'itinéraires, se perçoit le grondement des machines, les échappées de vapeur, le tressautement des plaques tournantes, la tintinnabulation des sonnettes électriques, le vacarme des formations de trains, l'accrochage des wagons, les coups de sifflet impératifs, le roulement des haquets à bagages, les appels et les commandements.

Toute la fébrilité nervosiaque des en-allées vers la joie ou la tristesse, précipite l'ambiance, et les antithèses de la vie se touchent ; à côté de jeunes mariés menant leurs premières étreintes sous le ciel d'azur de l'Italie, il y a de pauvres gens déjà

en deuil qu'une dépêche appelle
auprès d'un lit de mort, il y a des
fatalistes dont le dernier espoir
réside dans les hasards chanceux de
Monte-Carlo, il y a des illusionnés
aux mirages transvaaliens ou autres,
qui demain, au bas de la Canebière,
à Marseille, s'embarqueront vers la
Fortune. L'officier rejoignant sa gar-
nison, ou, par delà les mers, son
poste d'attache, parcourt l'annuaire
à côté d'un commis voyageur clas-
sant ses échantillons et préparant
ses factures ; un prêtre de province
dit son Bénédicité, non loin d'une
étoile de théâtre en partance pour
un engagement fructueux ; des

enfants s'approvisionnent de gâteaux, des chiens lapent des assiettes, puis de la monnaie répond aux papiers allongés des notes, des sourires de gratitude saluent les pourboires, on bat le rappel des valises, des innombrables colis, des hommes d'équipe s'empressent, complaisants, et, sur le quai, devant le train, ces convives du buffet cherchent, lestés, repus, congestionnés un tantinet, le coin confortable pour la nuit.

Sans subir si grande peine, sans
avoir cette hâte souverainement
indigeste, des snobs, à la même
heure, sont perchés sur de hauts
tabourets devant le comptoir d'un
bar et s'alimentent de façon anglo-
mane ; en des pintes de métal ils
boivent la bière noire, entre des
bocaux de pickles, ils dévorent de
sanguinolentes côtes de bœuf qu'en-
cadre la chlorose de pommes de
terre bouillies, terminent par des
tartes à confitures qu'ils noient de
thé et d'alcool, s'enivrent lentement
et consciencieusement, du feu leur
montant aux pommettes, de la brume
aux regards ; les garçons à poil roux

circulent, la dame de céans montre
une impassibilité éprouvée et conti-

nue ses comptes, et un verbiage qui
peu à peu se hausse de ton, s'historie

d'expressions d'Outre-Manche, évoque les jockeys et les bookmakers ; aux murs les cadres limitent des scènes de courses, des caricatures du *Punch*, de grossières et brutales enluminures. L'endroit est discret, masqué en façade par des rideaux plissés, de nuances Liberty.

En 1900, l'heure du dîner fut un des moments les plus pittoresques de la vie parisienne, et c'est encore d'actualité de s'en souvenir ; je copie sur mon *Journal* (mais oui ! comme feu M. de Goncourt) « les vendredis de l'Exposition ».

— C'était hier, selon la coutume, le jour select à quatre tickets pour

le soir, et les visiteurs de la journée
restent afin de regarder les beaux
messieurs et les belles madames,
car ce n'est pas une des moindres
attractions de l'endroit que cette
foule aristocratique qui se donne
rendez-vous dans les restaurants
luxueux de la rue des Nations pour
aller après ouïr les bruissements de
la rue de Paris.

Il y a une estampe célèbre de
Debucourt, intitulée « la Promenade
du Vaux-Hall » ; on en pourrait faire
un joli pendant au Cours-la-Reine,
sorte de foire de Neuilly, à laquelle
il ne manque que les manèges de
cochons roses et d'ânes vivants.

Attablé, à l'heure de l'apéritif, sous les arbres qui ombragent le pavillon du Mexique, on passe une heure amusante à voir l'entrée, à détailler les froufroutements des dentelles, les élégances du linon brodé, les manteaux somptueux, les mignardises des chapeaux, et, grâce au retroussis des robes, la neige mousseuse des dessous; les cavaliers sont impeccables, au plastron luisant, au faux-col carcan, au paletot long de malade voûté, très ample.

On s'attend, on se retrouve et l'on courbe l'échine, et l'on baise les mains, et l'on papotte, et l'on se reçoit, car maintenant on ne s'invite plus à dîner chez soi, on se convie dans tel ou tel restaurant ; ça coûte plus cher, c'est beaucoup plus chic, la noblesse va au cabaret, comme au siècle dernier.

L'aspect d'ailleurs des grandes salles à petites tables est fort coquet, les fleurs à profusion, des jonchées de roses sur les broderies du linge, les ampoules électriques munies d'abat-jour jaunes et bleus qui semblent orchidées rares, les larbins en costumes chamarrés de brande-bourgs, et les drapeaux et les bannières suspendus aux balcons des loggia, et l'orchestre de violons qui pleure de la mélancolie, qui rythme des czardâs, qui énerve un tantinet, qu'on applaudit après le solo fatidique. Cela berce et fait la toile de fond des conversations multiples, des galanteries et des flirts.

L'assistance est kaléidoscopique au *Roumain*.

Voici, présidant une joyeuse bande et encadré de deux femmes en peau le prince Henri d'Orléans très regardé ; à côté Jules Chéret dont les amis fidèles fêtent la médaille d'honneur ; puis M. et Mme Caran d'Ache, M. et Mme Lavedan, qui auraient dû venir là dans leurs costumes de chez Madeleine Lemaire ; puis encore des inconnus au Gotha des Arts, mais

marqués dans les Bottins nobiliaires,
hommes à corset sous l'habit, femmes à diamants sans beauté, tout

cela forme une confrérie de jouis-
seurs que regardent avec envie les
chemineaux du trottoir roulant qui,
par les fenètres ouvertes, aperçoi-
vent ce décor de luxe et de snobisme.

Après le café turc pris en purée
dans des tasses minuscules, on s'en
va passer la revue des autres restaurants, écouter des orchestres cosmopolites, regarder les danses espa-
gnoles, les Macarona descendues de
la place Pigalle, le modern-style un
peu hurleur de l'Allemagne.

On croise des amis, on échange
des poignées de main, on salue des
gens décorés récemment dans les
fournées de l'Exposition, et par une
passerelle toute lumineuse, on gagne
l'autre rive, après un arrêt admiratif
devant le spectacle papillotant de
la Seine, les quais lumineux, l'eau
reflétant des girandoles de feu, des

arcades d'électricité, des enseignes attractives.

La rue de Paris, c'est le spectacle d'après dîner ; sur des rangées de chaises, comme à la Potinière, des badauds regardent, pour qui la foule des promeneurs est défilé de figurants ; entre eux et les façades étincelantes des théâtres grouille un va-et-vient que domine la stature du prince Roland Bonaparte, où fait sensation le visage sphingique et tragiquement voluptueux de Wanda de Boncza, où des gens de course passent avec des modistes, où des filles à particules arborent des toilettes de music-hall, où des sifflets d'ébène hument et reluquent de la chair à canon.

Sur les estrades, devant les affiches, il y a de la peau à l'étal, des baisers et des spasmes à l'encan, des gosselines dévêtues en perruches, des bonimenteuses en maillot, des danseuses avec ou sans tutu ; et à mesure que la nuit s'avance, les œillades deviennent plus provocantes, les gestes plus prometteurs, les paroles plus précises, le rut s'agite sous le regard bénévole des gardiens qui préparent la fermeture, barrent les allées, chassent les fauteuils roulants, organisent la sortie.

Alors, c'est la bagarre des fiacres,

les marchandages avec les cochers,
les provinciaux ahuris et esquintés,
les rastas en partance pour chez
Maxim's, les amuseuses prenant des

bras inédits, le relent des ouvreurs
de portières, les hurlements des
camelots, la sueur qui empeste, et,
dans l'ombre protectrice des arbres
survivants, des combinaisons qui
se traitent, des trafics qui se dis-

cutent, de l'amour en expectative !

La Ville, comme la Vie, est pleine
de contrastes, et tandis que les
snobs, pour dîner, ou pour souper,
se nichent dans des cabinets qui
sont des alcôves à rideaux protec-
teurs, ce bien-être d'isolement, cette
dissimulation, ce barrage contre le
dehors, on n'en a cure dans les quar-
tiers ouvriers, en la montée des
faubourgs ; le prolétaire se soucie
bien qu'on le regarde, les faméliques peuvent s'arrêter à la vitre,
non seulement la gargote se voit,
mais la cuisine même : la grande
cheminée est tout éclairée de flam-
mes, les fourneaux rougeoient, les

broches tournent, la graisse chante,
la préposée aux casseroles s'active,
le sommelier circule, et toute cette
animation a pour but de nourrir ces
pauvres bêtes de somme que l'atelier
a lâchées tout à l'heure, qu'il repren-
dra demain dès l'aurore, ces forçats
du labeur journalier qui s'affalent
devant leur portion et leur demi-
setier, qui mangent pour manger,
sans extras ni raffinements, qui fonctionnent avec monotonie, dont les
mâchoires bruissent dans le silence,
des êtres fatigués qui s'éveilleront
vers la fin au contact des alambics
luisants, machines à poison des
« assommoirs ».

C'est l'été : — tandis que ceux-là s'en vont en beuglant des refrains patriotiques, en titubant de leurs jambes lasses, de leurs gros souliers ferrés, contre la pierre des trottoirs, les guinguettes étincellent à l'autre bout de la ville, sous les arbres, et plus loin encore, dans la banlieue, aux environs.

J'écris cela sur la terrasse d'un petit restaurant de Saint-Cloud qui domine la Seine dont le clair miroir, assombri par les grands arbres de la rive, est presque indistinct dans la tombée du jour avant que le ciel s'étoile.

Un barrage proche met dans le

crépuscule un bruit continu de ruis-
sellement, le sourd fracas d'une
chute incessante, tandis qu'en face
même remuent les derniers sillages
des bateaux à vapeur qui font le ser-
vice pour Paris.

Un souffle frais vient chargé de
senteurs printanières, comme d'un
parfum de sous-bois ombreux, et
alors tout s'oublie des rumeurs de
la foule, des chants de canotiers,
des grelots et des timbres de cyclis-
tes, des serinettes de mendiants, du
brouhaha du dimanche, la Nature
prend et absorbe toute l'attention,
le bois qu'on devine en la masse
noire de l'horizon, l'île qu'égaye une

maisonnette à toit de tuiles rouges,
et l'eau, l'eau berceuse, l'eau mélan-
colique qui, avec un remous lent,
s'étend vaste, tachée çà et là d'un
lourd bateau-lavoir à persiennes
blanches, de barques élégantes à
l'amarre, de promeneurs attardés
couchés dans l'herbe des berges.

Le rougeoîment de fournaise de
la ville empourpre le ciel, la Tour
allonge ses antennes de feux multi-
colores, une hymne confuse d'ivresse
et de plaisir émane de cet océan
de toits indistincts, et sous les arbustes malingres, intoxiqués, ané-
miques des Champs-Élysées, la fête
bat son plein. la fête gastrono-

mique dont Monselet fut l'Homère,
dont Arsène Houssaye fut l'Ana-
créon.

Un dîner aux Ambassadeurs, ou à
l'Horloge, est exquise distraction,
avec, dans la perspective de la scène,
par delà la rampe, les vulgarités
brutales de la chanteuse excen-
trique, les polineries du tourlourou
caricaturesque, les enflures de mail-
lots des gymnastes, les lamentables
dénudations de *la tapisserie* ; les
globes électriques, en guirlandes et
en girandoles, éclairent de facticité
conventuelle les bosquets, l'orchestre grince dans le plein air, le
champagne éclate scandant les flons-

flons, et, la face plaquée aux palissades, le regard coulé à travers les barrières, le populo essaie d'attraper quelque chose de ce luxe, de cette volupté ; l'anarchiste parfois s'y trouve, des regards luisent en de hâves visages, la bouche d'ironie et de haine aux lèvres minces, le poing serré et prêt sous le bourgeron ; jusqu'à lui parviennent les applaudissements, les hourras, clameur d'insouciants, de repus, de sceptiques, ne voulant pas voir le danger qui les menace, et « les mauvais bergers » s'amusent en oubliant volontairement la foule.

Foule de pauvres hères usés déjà

par l'existence, bohèmes faméliques venant, comme Ruy-Blas,

Aux portes des palais voir passer les duchesses

déchets d'humanité que mène l'Envie, que trahira l'avenir, vieux étudiants blanchis sous le harnois.

La vie leur a été une maîtresse infidèle, ils ont été vaincus par la courtisane, et cependant ils méritaient autre chose et plus ; leur jeunesse expansive, leur courageux labeur, leur joli départ appelait une autre récompense.

Huit heures, — sur la rive gauche, parmi les pensions Vauquer et les pensions Laveur, — prêtent à des notes intéressantes les tables d'hôte décrites par Honoré de Balzac et dont aucunes existent encore ; les noms des personnages changent, mais on trouve toujours des Rastignac arrivés de province et que leurs familles entretiennent pour qu'ils puissent parvenir, des Vautrin déguisés, un loup de velours sur leur face de forçat, des Père Goriot lyriquement sublimes, des Bianchon qui deviendront célèbres, etc., etc. ; et comme les plaisanteries sont éternellement les mêmes, celles d'alors sont encore usagées à notre époque de maeroma, on pourrait répéter le légendaire : « Fa-

meux *sexorama!* — A la *portorama!* »
Sur la Butte l'esprit est plus mo-

derniste, le rapin aujourd'hui ne
dédaigne pas de s'intéresser à la
politique à laquelle il est initié par

les couplets des chansonniers, et
bien que s'originalisant de costume
et de cheveux, de feutre mou et de
canne, il est serviteur de l'actualité,
sait et suit tout de Paris sans y des-
cendre, ne garde plus de la très
ancienne Bohème que la liberté fantaisiste des baisers ; les restaurants
de Montmartre qui se distinguèrent
un instant par leur décor moyenâ-
geux acquièrent surtout une note
spéciale des jolies, insouciantes, ver-
veuses filles qui y fréquentent ; ce
n'est plus Manon, ce n'est plus
Mimi, pas même Jenny, mais une
pinsonnette évaporée qui pose *les
esclaves* chez Gérôme, qui a ses

entrées au Moulin Rouge, lit les
éditions de « la Revue blanche »,
connaît des journalistes, se fait faire
des échos, concède ses faveurs à des
poètes décadents, prête son corps à
des peintres, abdique toute pudeur
pour l'Art, et dîne sans façon à la
gargote où l'on accumule les ardoi-
ses ; elle en est encore aux émotives
aventures des feuilletons du *Petit
Journal*, ne manque pas un fait
divers, et, à certaines dates de neu-
vaines, pèlerine au Sacré-Cœur ;
dans l'obscurité des cryptes les
prières et les étreintes se mêlent, il
est des dîners qu'on écourte là-haut
pour aller au salut.

Au nord, au sud, à droite, à gauche
de la ville, huit heures est, sur le
cadran de l'horloge où sonnera minuit (dont il sera parlé en un pro-
chain livre) une des étapes les plus
vivantes, les plus bruissantes, les
plus curieuses de la journée parisienne ; le mystère de la nuit y
commence déjà, la matérialité de
l'espèce s'y affirme, et, à voir
toutes ces lumières qui étincellent,
toutes ces vitres qui flamboient,
tous ces feux qui rougeoient, toutes
ces choses qui cuisent, toutes ces
mâchoires qui fonctionnent, on
songe à la réflexion du titi de
Gavarni au bal de l'Opéra : « Dire

que tous ces gens-là mangent,
c'est ça qui donne une crâne idée de
l'homme ! »

MAURICE GUILLEMOT.

POUR PARAITRE SUCCESSIVEMENT

—⚜—

9 *heures*. — **Théâtres et Concerts.**
10 *heures*. — **Bals et Guinguettes.**
11 *heures*. — **La Butte.**
Minuit. — **Le Bal de l'Opéra.**
1 *heure*. — **Les Soupeuses.**
2 *heures*. — **Les Rôdeurs.**
3 *heures*. — **La Vadrouille.**
4 *heures*. — **La Toilette de Paris.**
5 *heures*. — **Le Ventre de Paris.**
6 *heures*. — **La Chapelle.**
7 *heures*. — **Paris s'éveille.**
8 *heures*. — **Les Écoles.**
9 *heures*. — **Le Turbin.**
10 *heures*. — **Marchés et Ménagères.**
11 *heures*. — **Les Employés.**

ÉVREUX, IMPRIMERIE DE CHARLES HÉRISSEY

www.ingramcontent.com/pod-product-compliance
Ingram Content Group UK Ltd.
Pitfield, Milton Keynes, MK11 3LW, UK
UKHW031828170726
13836UKWH00004B/1565